Real Friends

LH C# E F#   RH C# E G# B

     F# C# G#   B E G#
                 A C# E G#

MD2
E Eb F B D C A

Caroline

Cm G Db C Eb   C Eb G

L RR LLL RR

Eb C and by for
melody

G Eb
going

Can we talk it
out

G G# Bb C C#

small worlds outro

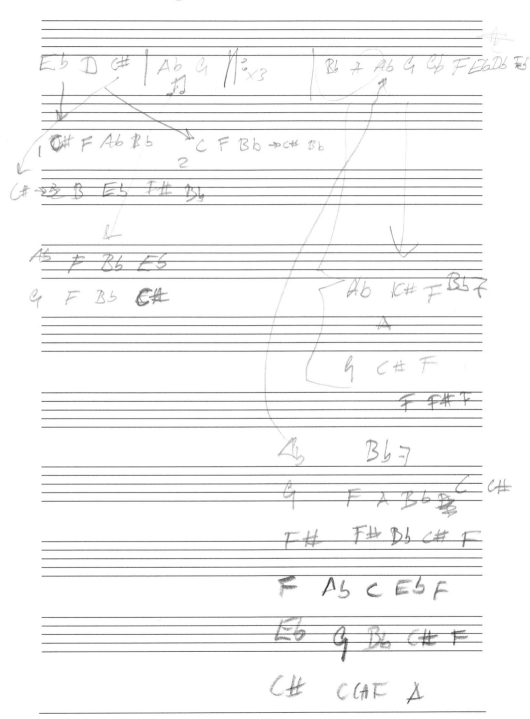

Nights Pt 2

①   B Eb 4B Bb
                       F#b

Eb   F Bb Eb F
F#

chanel

Bb C Eb G

C Eb 9 C

C Eb F# Bb

B D F G

Bb C# E G

See you Again

melody   1. 7x F 2 3 2 0   beads
              F#   vi   -F#b6 Db   c# F
              C#   sion

          2. Db   E6m7
              Eb   Eb F# Bb C#

hold bottom   Fx7
play top   F#
3 after   F
              Db
              F½

          3. I see only   Abm7
              Fx5   see   Ab Bb6 F#
              F#   you
              F   face

          4. Db when   GBDF
              Eb close
              F# your
              F   eyes

                        F C#

~ 9 ~

Eb + octave   chord
        EbD   Bb G
  D   DC   D Bb ?
  C   CBb —   GCEb
                C G Eb

            F Bb Db

              G5 F#

Jazz

Eb Bb x 6   Gb G E 6

Good Ass Intro

Together to make a chord

G# F#		G# B D#
C# C# (octave)		G# B D#
F# F#		A C#
B B		A C# E
E E		G# B D#
F# F#		A C# E
G G		Bb C# E

Chords

Intro/outro: Fm7 G F Eb D
 Cm7 D C Bb A

Fm7
Cm 2 bar
Fm7 2 bar
Bb7 d
Cm d
Cm7
C7 d
Fm7 o

Cm d   G7
Cm7 o   Gm7
          x2 Eb
          Bb Bb G Eb G C

Come Down   B♭ minor

Root bass
- B♭
- C
- C#
- E♭
- E
- F

- E♭
- C#
- B♭

- F#
- E
- B♭
- F, B♭
- C#
- C
- F
- C
- B♭

F   Ab Eb   F C G
C Eb Bb
Ab Eb
                        F C Db Ab Eb
Db
Ab Eb Ab B b   Db   Ab   B F C
  C Ab   Bb F G b Bb Ab
  G   Ryuuu
                          Dooby Booby

opening   Bridge

F   Ab
C Eb Bb   Bb F
Ab Eb   F
C#   Db
Db Eb Ab B
Ab   G up octave

Bb F   Db

C#   Ab Eb Ab B
  Ab Eb Ab Bb
       C Ab   C Ab

                               G B F Ab
F C   G Ab
Ab D   G b Ab C
F G   F C   F Ab
G b D   C Eb A Ab C   C Ab
Eb   C   G b Ab
            G b Ab C →   G — F — C — Ab
              Bb

C Eb F F# G Bb c

Cb   F   G
E   Eb   F
G   G
A   B
C   D

New York State of Mind — Dm

Dm9 — Doctive | lick
G Ab A C
Dm9 chord
lick 4x2 Bb-A-Gb

Bbsus Bb - F | Gb C Eb G
lick Eb G Eb C Gb
Gb - Gb C Eb

Dm9 D-D | E-C A
EM7 E-E | D-B G
F F-F | C-A-F-A-F-C

DD D-D | Dm9 chord
C-A-F

Gsus G | F-A-C-E

Cmaj C-C | E-AC
E E-E | Gb-B-E

1. First step

   A inverse   A E
                      B E
   I inverse   C E
                      D E
   A

   E inverse
                      ∅ ∅
                       ∅ ∅

2. A minor

   Em   E G B

           B D
         ↓
           A C

   Em7 E G B D

           B D
         ↓
         go down semi tones

Bb major   root Bb D F Bb maj 7

II c min 7   V F maj Dom 7
C Eb G Bb   F A C Eb

Printed in Great Britain
by Amazon